Inhalt

IT-Manufacturing - Die outgesourcten Entwickler und Fertiger spüren die Krise und erwarten eine Konsolidierung

Kernthesen

Beitrag

Fallbeispiele

Weiterführende Literatur

Impressum

GENIOS WirtschaftsWissen Nr. 06/2009 vom 04.06.2009

IT-Manufacturing - Die outgesourcten Entwickler und Fertiger spüren die Krise und erwarten eine Konsolidierung

M. Westphal

Kernthesen

- Die Wirtschaftskrise geht auch an den Unternehmen der Electronic-Manufacturing-Services-Branche (EMS) nicht spurlos vorüber.
- Innerhalb dieser Branche gibt es aber sowohl Unternehmen, die zweistellig

schrumpfen wie auch solche, die zweistellig wachsen.
- Es gibt vielfältige Gründe, die als Faktoren des Erfolg wie auch Misserfolgs in dieser Krise zu identifizieren sind.
- Europa und die mittelständischen EMS-Anbieter sind als die Gewinner dieser Krise zu bezeichnen.

Beitrag

Der aktuelle wirtschaftliche Abschwung ist auch in den Büchern der EMS-Auftragsfertiger (Electronic Manufacturing Services) erkennbar. Die rezessive Durststrecke, deren Verlauf aufgrund sich ständig ändernder Zahlen kaum absehbar ist, muss überwunden werden.

Das Andauern der Wirtschaftskrise kann auch die EMS-Branche treffen

Viele Auftragsfertiger können die Krise eine zeitlang aushalten. Eine Gefahr besteht für viele Auftragsfertiger darin, dass Kunden zur Auslastung der eigenen Produktion kurzfristig Fertigungsaufträge

ins eigene Haus zurückholen.
Außerdem wird befürchtet, dass im Falle eines längeren Andauerns einige schwächere Marktteilnehmer mit Dumpingpreisen, bei denen der Endpreis häufig unter den Materialkosten liegt, und anderen irrationalen Maßnahmen den Markt insgesamt kaputt machen könnten. (2)
Die Prognose über das Ende der aktuellen Wirtschaftskrise gestaltet sich schwierig, da sie sich sehr von ihren Vorgängern unterscheidet. Dauerte es in der letzten größeren Rezession 2000/2001 immerhin zehn Monate, bis die Konjunktur sich komplett abgekühlt hatte, war dieser Einbruch dieses Mal nach drei Monaten auf dem Tiefpunkt angelangt. Allerdings hofft die Elektronikbranche gerade deshalb, dass auch der Aufschwung in nur wenigen Monaten vollzogen sein wird. Ein solch schnelles Ansteigen könnte dann aber auch zu Problemen führen, da aufgrund leerer Lager und niedriger Produktionskapazitäten eine Allokation der verfügbaren Mengen durchgeführt werden müsste. (3)
Denn viele Lieferanten haben ihre Produktionskapazitäten eingeschränkt oder gar geschlossen. Bei einem Anziehen des Kundenmarktes wäre daher mit Lieferengpässen und damit Preissteigerungen zu rechnen. (2)
Denn das Hochfahren gekappter Produktionen dauert ein paar Monate. Diese erhöhten Preise wären

letztendlich vom Schwächsten der gesamten Kette, dem Auftragsfertiger, zu kompensieren. (3)

Für den gesamten Markt nimmt die Bedeutung eines wieder funktionierenden Bankensektors zu. Zwar gäbe es derzeit genügend potentielle Investoren und auch Projekte. Allerdings stellt sich die Frage, wann denn diesen wieder genügend Kredite von Seiten der Banken zur Verfügung gestellt werden, um diese auch zu finanzieren. (2)

Die Rezession kann vom einzelnen Auftragsfertiger nur dann erfolgreich überwunden werden, wenn das Unternehmen über eine gesunde Kundenbasis möglichst mit einem Mix aus mehreren Branchen verfügt. Eine hohe Abhängigkeit von Kunden aus der Automotive- oder Halbleiter-Branche wie aber auch viele Kunden mit Problemen, können das EMS-Unternehmen gefährden. (2)

Die Wirtschaftskrise vergrößert die Gefahr von Insolvenzen auf Kunden- wie auf Lieferantenseite

Die Wirtschaftskrise geht einher mit mangelnder Zahlungsmoral der Kunden und damit schlechtem Cash-Flow. Aus Sicht der EMS-Unternehmen ist es wichtig, mit allen direkten Geschäftspartnern auf

Kunden- wie auch Lieferantenseite ständig zu kommunizieren, um etwaige Risiken schnellstmöglich zu erkennen. Risikomanagement wie auch eine gesunde Kapitaldecke gehören zu den wesentlichen Erfolgsfaktoren für EMS-Fertiger in der aktuellen Krise. (2)

Nicht nur die Insolvenz von Kunden kann eine Gefahr für EMS-Fertiger darstellen, auch können Insolvenzen auf Lieferantenseite gefährliche Konsequenzen nach sich ziehen. Es ist mit hohem Aufwand verbunden, neue Komponenten zu finden und in die bestehenden Prozesse und Produkte zu integrieren. Außerdem müssen die vereinbarten Spezifikationen und Anforderungen der Kunden in systematischen Tests zunächst abgeprüft werden.

Auch die Einkäufer der OEM-Unternehmen (Original Equipment Manufacturer) überprüfen inzwischen ihre EMS-Partner deutlich stärker auf deren finanzielle Leistungsfähigkeit. Die Bedeutung dieser Unternehmen ist für die OEMs groß, da häufig hunderte von Teilprojekten an diese Partner ausgelagert werden. Viele Auftragsfertiger verfügen über Eigenkapitalquoten von 50 und mehr Prozent, was von den Einkäufern als sehr positiv erachtet wird. (2), (9)

Zu beachten ist, dass eine Partnerschaft mit einem Fertigungsdienstleister zwar keine unendlich lange Beziehung ist. Aber es ist zumindest eine Gemeinschaft für einen längeren Zeitabschnitt mit

Abhängigkeiten auf beiden Seiten. Gerade dann, wenn der Dienstleister auch mit entwickelt oder komplexe Logistik-Services abdeckt, ist er nicht einfach kurzfristig austauschbar. Je tiefer der Dienstleister in den gesamten Produktzyklus integriert ist, desto schwerer kann er ausgetauscht werden. (3)

Die mangelnde Investitionsbereitschaft der OEMs birgt auch eine Chance für die EMS-Unternehmen

Die Krise bedingt eine Investitionszurückhaltung der OEM-Unternehmen in Fertigungskapazität. Daraus kann sich neben neuen Märkten und Applikationen mittel- bis langfristig ein positives Potential für die EMS-Dienstleister ergeben.
Viele Branchen, die heute noch gar nichts oder nur wenig mit Elektronik zu tun haben, werden in naher Zukunft durch technologische Weiterentwicklung und auch sich ändernde Kundenanforderungen mit Elektronik konfrontiert und werden damit neues Kundenpotential für EMS-Fertiger darstellen.
Die geringe Investition in Maschinen und Anlagen wird mittelfristig zu einem Outsourcing-Boom führen.

Ebenso wird erwartet, dass einige Unternehmen, die ihre Fertigungsanlagen derzeit nicht verkaufen können, diese dann nach Ende der Krise den Auftragsfertigern anbieten werden. Der Trend zur Umwandlung von Fixkosten in variable Kosten wird anhalten und sich evtl. sogar verstärken. Damit wird sich die Kapitalbindung immer mehr vom Kunden hin zum EMS-Dienstleister verschieben. (4), (6)

Das Angebot vieler EMS-Partner geht über reine Produktionsdienstleistungen hinaus

Die Anforderungen an EMS-Dienstleister ändern sich. So erwarten die Kunden zunehmend modulare Fertigungsdienstleistungen, die gemäß Baukastenprinzip zusammengestellt werden können. (5)
Auch Full-Service-EMS-Anbieter befriedigen die Nachfrage nach Teilschritten im Fertigungsprozess. So werden fertige Produkte noch veredelt oder bei Produktionsengpässen wird ausgeholfen. Außerdem gibt es Möglichkeiten, die Kunden im Materialeinkauf zu unterstützten gerade im Bereich der B- und C-Teile. Ebenso verfügen viele EMS-

Fertiger über teure Spezialmaschinen, die für viele kleinere Unternehmen nicht lohnend sind, sodass bestimmte Prüf- oder Qualitätsprozesse ausgelagert werden können. (5)

Zu den Kernkompetenzen, die von einem EMS-Partner abgefordert werden, gehört auch eine kompetente Logistik-Leistung, die bis zu einer Systemanbindung reichen kann. Diese Logistik-Leistung gewinnt noch an Bedeutung, wenn das jeweilige Produkt gar nicht mehr an den eigenen Kunden, sondern gleich an den Endkunden ausgeliefert wird. (2)

Viele EMS-Partner werden nicht nur als Produktionspartner genutzt, sondern auch als ausgelagerte Entwicklungsabteilung. Die Tatsache, dass die Produktkosten häufig zu bis zu 80 Prozent in Entwicklung und Design stecken, verlangt nach qualifizierten Partnern. Daher haben viele EMS-Dienstleister eine Vielzahl an hochqualifizierten und -spezialisierten Entwicklern beschäftigt. (2), (6)

Befürchtet wird allerdings, dass Kunden im Zusammenhang mit der Wirtschaftskrise die Aufwendungen für Entwicklungsleistungen einschränken. (2)

Der EMS-Mittelstand zieht aus der

Krise Vorteile

Positive Tendenzen zieht der Mittelstand aus der Krise. Das Downsizing von Outsourcing-Projekten führt zu einer zunehmenden Anzahl an potentiellen Aufträgen, die in der Vergangenheit für diese Unternehmen zu groß waren, jetzt aber realistisch sind. Gleichzeitig werden diese Projekte jetzt für die großen Auftragsfertiger zu klein und damit uninteressant. Außerdem gewinnen Deutschland und Europa mit den Dienstleistungs-Attributen Flexibilität, Qualität, Verlässlichkeit und Leistungsfähigkeit sowie geografische Nähe zum OEM-Kunden zunehmend an Bedeutung. (2)

Fallbeispiele

Eines der ersten EMS-Werke in Russland wurde vom finnischen EMS-Unternehmen Elcoteq gebaut. Allerdings war das Unternehmen niemals wirklich erfolgreich mit diesem Schritt und versuchte das Werk mehrmals zu verkaufen, bevor man es im Januar 2009 schloss. (1)
Eines der größten EMS-Unternehmen ist Flextronics. Die aktuelle Krise macht diesem schwer zu schaffen.

Dagegen geht es der Deutschen Tochter Flextronics SBS gut. Das Unternehmen verzeichnet ein 30-prozentiges Umsatzwachstum gegenüber dem Vorjahr.

Im Vergleich zum dramatischen Absatzrückgang, dem sich Flextronics gegenübersieht, mit einem Umsatzrückgang von einer Milliarde US-Dollar und dem Restrukturieren und Schließen von Produktionsstandorten, steht der deutsche Ableger gut da. Die drei Schwerpunktbranchen Computing, Industrial und Telekommunikation klagen kaum über Absatzeinbußen und der Automotive-Sektor ist bei Flextronics SBS nur schwach vertreten.

Auch Flextronics SBS hat in Billiglohnländern Fertigungsstätten. Der Grund hierfür liegt aber darin begründet, dass man für seine Kunden lokal fertigen möchte, da der Import / Export von Produkten unter Total-Cost-of-Ownership-Gesichtspunkten häufig nicht effizient ist.

Der hohe Standardisierungsgrad der Elektronikfertigung ermöglicht relativ einfach einen Wechsel von einem Produktionsstandort zum nächsten. Im Falle von hochvolumigen Produkten wie Mobiltelefonen, die häufig teilweise sogar manuell gefertigt werden, bietet sich aber ein westeuropäischer Standort meistens nicht an. (6)

Weiterführende Literatur

(1) EMS-Firmen wollen nicht länger russisches Roulette spielen Russlands EMS-Markt steht vor dem Aus
aus Markt & Technik, Heft 18/2009, S. 13

(2) Markt&Technik-Forum, Teil 1: Wie trotzen EMS-Unternehmen der Krise? Risiken erkennen Chancen nutzen
aus Markt & Technik, Heft 18/2009, S. 24

(3) Markt&Technik-Forum, Teil 2: Preisdruck und Allokation »Aktuelle Allokationswarnungen gehen an der Realität vorbei«
aus Markt & Technik, Heft 18/2009, S. 26

(4) Markt&Technik-Forum, Teil 3: Zukunftsaussichten für EMS Die Krise als Boomfaktor für Outsourcing?
aus Markt & Technik, Heft 18/2009, S. 28

(5) Es muss nicht immer die Komplettleistung sein Flexibel auf Kundenwünsche eingehen
aus Markt & Technik, Heft 18/2009, S. 30

(6) Flextronics ist in Deutschland solide aufgestellt Auf eine gesunde Kundenbasis kommt es an
aus Markt & Technik Quarterly, Heft 02/2009, S. q18

(7) EMS-Markt schwÄchelt Der Mittelstand kurbelt an
aus Markt & Technik Quarterly, Heft 02/2009, S. q4

(8) Osteuropa läuft China den Rang ab Rumänien wird zum EMS-Hub in Osteuropa

aus Markt & Technik, Heft 15/2009, S. 15

(9) Electronic Engineering and Manufacturing Services
aus Elektronikpraxis Nr. 010 vom 19.05.2009 Seite 012

(10) EMS und ODM
aus Elektronikpraxis Nr. 005 vom 09.03.2009 Seite 017

Impressum

IT-Manufacturing - Die outgesourcten Entwickler und Fertiger spüren die Krise und erwarten eine Konsolidierung

Bibliografische Information der deutschen Nationalbibliothek

Die Deutsche Nationalbibliothek verzeichnet diese Publikation in der deutschen Nationalbibliografie; detaillierte bibliografische Daten sind im Internet über http://dnb.d-nb.de abrufbar.

ISBN: 978-3-7379-0353-0

© 2015 GBI-Genios Deutsche Wirtschaftsdatenbank GmbH, Freischützstraße 96, 81927 München, www.genios.de

Alle Rechte vorbehalten. Dieses Werk ist einschließlich aller seiner Teile – z.B. Texte, Tabellen und Grafiken - urheberrechtlich geschützt. Jede Verwertung außerhalb der Grenzen des Urheberrechtsgesetzes bedarf der vorherigen Zustimmung des Verlags. Dies gilt insbesondere auch für auszugsweise Nachdrucke, fotomechanische Vervielfältigungen (Fotokopie/Mikroskopie), Übersetzungen, Auswertungen durch Datenbanken oder ähnliche Einrichtungen und die Einspeicherung und Verarbeitung in elektronischen Systemen.